Bibliografische Information der Deutschen Nationalbibliothek:

Die Deutsche Bibliothek verzeichnet diese Publikation in der Deutschen National-
bibliografie; detaillierte bibliografische Daten sind im Internet über http://dnb.d-
nb.de/ abrufbar.

Dieses Werk sowie alle darin enthaltenen einzelnen Beiträge und Abbildungen
sind urheberrechtlich geschützt. Jede Verwertung, die nicht ausdrücklich vom
Urheberrechtsschutz zugelassen ist, bedarf der vorherigen Zustimmung des Verla-
ges. Das gilt insbesondere für Vervielfältigungen, Bearbeitungen, Übersetzungen,
Mikroverfilmungen, Auswertungen durch Datenbanken und für die Einspeicherung
und Verarbeitung in elektronische Systeme. Alle Rechte, auch die des auszugsweisen
Nachdrucks, der fotomechanischen Wiedergabe (einschließlich Mikrokopie) sowie
der Auswertung durch Datenbanken oder ähnliche Einrichtungen, vorbehalten.

Impressum:

Copyright © 2001 GRIN Verlag, Open Publishing GmbH
Druck und Bindung: Books on Demand GmbH, Norderstedt Germany
ISBN: 9783640502707

Dieses Buch bei GRIN:

http://www.grin.com/de/e-book/383/analyse-und-bewertung-der-software-fuzzytech-
5-51a

Marcel Loos, Joanna Odoj

Analyse und Bewertung der Software FuzzyTech 5.51a

GRIN Verlag

GRIN - Your knowledge has value

Der GRIN Verlag publiziert seit 1998 wissenschaftliche Arbeiten von Studenten, Hochschullehrern und anderen Akademikern als eBook und gedrucktes Buch. Die Verlagswebsite www.grin.com ist die ideale Plattform zur Veröffentlichung von Hausarbeiten, Abschlussarbeiten, wissenschaftlichen Aufsätzen, Dissertationen und Fachbüchern.

Besuchen Sie uns im Internet:

http://www.grin.com/

http://www.facebook.com/grincom

http://www.twitter.com/grin_com

Analyse und Bewertung der Software

fuzzyTECH ® *5.51a*

INFORM GmbH

Dokumentiert im Rahmen der Lehrveranstaltung „*Wissensbasierte Systeme*" von

Joanna Odoj
Marcel Loos

Inhaltsverzeichnis

1. Einführung

1.1 Produkt und Herstellerdaten

Produktname:	*fuzzy*TECH
Version:	5.51a
Plattform:	Microsoft Windows 9x
	Microsoft Windows NT 4.0
	Microsoft Windows 2000
Festplattenspeicher:	ca. 13 MB
Preis:	Freeware (Demo-Version)
	Preis für Vollversion auf Anfrage
Hersteller:	INFORM GmbH
Homepage:	http://www.fuzzytech.com/
Email:	hotline@inform-ac.com

1.2 Verwendungszweck der Software

Die Verwendung von *fuzzy*TECH gliedert sich im Allgemeinen in zwei Bereiche – technische Anwendungen und Geschäfts- und Finanzanwendungen.

Anwendungsbeispiele aus dem technischen Umfeld:

- Fuzzy Logic Anwendungen
- Destillationskolonnen
- Gewindefertigung
- Fahrzeugsteuerung
- Regelung von Kühlsystemen
- Beurteilung von Zylinderlaufflächen
- Abwasseraufbereitung
- Kernfusion
- ...

Anwendungsbeispiele aus dem betriebswirtschaftlichen Umfeld:

- Kundensegmentierung
- Qualitätskontrolle
- Lieferantenbewertung
- Reihenfolgeplanung
- Krankheitsdauerprognose
- Wissensbasierte Prognose
- Betrugserkennung
- ...

2. Leistungsumfang der Software

Nachfolgend soll nur allgemein auf die Möglichkeiten von *fuzzy*TECH eingegangen werden.
Eine detaillierte Beschreibung erfolgt in Kapitel 5 anhand eines Beispiels.

2.1 Fuzzy Logic Systeme

Was ist Fuzzy Logic?

Vom englischen fuzzy (verschwommene Technik). Bei der "unscharfen Logik" arbeitet die
Steuerung eines Prozesses nach ungefähren Regeln und mit unscharfen Mengen - d. h. mit
Wahrscheinlichkeiten. Dabei wird jedem Element einer Menge der Grad der Zugehörigkeit zu
einem bestimmten Konzept zugeordnet. Dadurch lassen sich unscharfe Konzepte nachbilden,
wie sie in der Alltagssprache vorkommen: 'groß', 'preiswert', 'nah', etc.

2.1.1 Fuzzy Assistent

Der Fuzzy- Assistent ist eine Komponente von *fuzzy*TECH, die eine besonders schnelle und
schrittweise Erstellung eines Fuzzy- Prototypen für jede Anwendung erlaubt. Neue Benutzer
werden schrittweise durch die einzelnen Entwicklungsschritte geführt. Dies ermöglicht die
Erstellung von Prototypen komplexer Fuzzy- Systeme in wenigen Minuten ohne das
besondere Vorkenntnisse zur Bedienung des Programms erforderlich sind. Es werden
geeignete Standardwerte vorgeschlagen, so dass nur wenige Informationen eingegeben
werden müssen.
Der Assistent kann ebenfalls zur Erweiterung bereits vorhandener Fuzzy- Systeme genutzt
werden.

2.1.2 Systemdefinition

Die Systemdefinition wird nach dem Erstellen des Prototypen angewendet um Systemobjekte
zu definieren bzw. zu konfigurieren.

2.1.2.1 Systemstruktur

In der Systemstruktur werden die Objekte, wie Regelblöcke, Variablen und Text, graphisch
dargestellt.

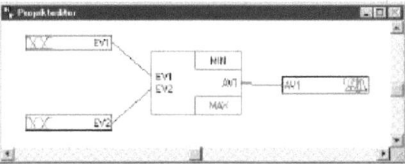

Eine Darstellung der Informationsflüsse erfolgt durch Verbindung von Variablen mit dem Regelblock.

2.1.2.2 Objekte bearbeiten

Das Bearbeiten umfasst das Verschieben, Hinzufügen und Löschen von Objekten im Projekteditor. Der Benutzer kann somit den Prototypen auf seine Bedürfnisse individuell anpassen.

2.1.2.3 Linguistische Variablen

„Linguistische Variablen" bilden einen Hauptbestandteil von Fuzzy Logic Systemen. Die Linguistische Variablen ermöglichen eine Umsetzung von realen Werten in linguistische Werte. Fuzzy Sets (unscharfe Mengen) können somit beschrieben werden.
Auch hier steht dem Benutzer ein Variablen- Assistent zur Verfügung der die Definition der Variablen erleichtert.

2.1.2.4 Zugehörigkeitsfunktionen

Die Festlegung einer linguistischen Variable bezieht auch die Bestimmung einer Zugehörigkeitsfunktion mit ein. Mittels der Zugehörigkeitsfunktion wird der Zugehörigkeitsgrad berechnet. Der Zugehörigkeitsgrad beschreibt den Grad der Zugehörigkeit eines scharfen Wertes zu einem linguistischen Wert. Dieser Grad wird durch einen Wert zwischen 0 und 1 dargestellt, wobei der Wert Null keine Zugehörigkeit bzw. der Wert Eins eine absolute Zugehörigkeit bedeutet.

2.1.2.5 Regelblöcke

Regelblöcke beinhalten eine Zusammenfassung von einzelnen Regeln. Die maximale Anzahl dieser Regelblöcke ist von der *fuzzy*TECH Edition abhängig. Die im Projekteditor dargestellten Regelblöcke bestehen aus Variablennamen und zwei Feldern mit Operatoren. Die Darstellung der Variablen der Aggregation der Fuzzy- Regeln werden auf der linken Seite, Schlussfolgerungen der Fuzzy- Regeln werden durch Variablen auf der rechten Seite dargestellt. In dem oberen Feld werden die Operatoren der Aggregation, im unteren Feld die Operatoren der Ergebnisaggregation dargestellt.

	MIN	
EV1 EV2		AV1
	MAX	

Der Regelblock- Assistent bietet auch hier dem Benutzer umfassende Unterstützung bei der Erstellung eines neuen Regelblocks.

2.1.2.6 Fuzzy- Regeln

Zur Erstellung von Fuzzy- Regeln bietet *fuzzy*TECH dem Benutzer mehrere Möglichkeiten diese Regeln zu definieren.

1. Tabellen- Regeleditor

Die Darstellung der Regelmenge erfolgt hier in tabellarischer Form, wobei jeder Eingangsvariablen eine Spalte zugeordnet ist. Den Ausgangsvariablen ist jeweils eine DoS- Spalte zugeordnet, welche den Plausibilitätsgrad der Regel bzw. des Regelgewicht enthält. Eine Änderung der Werte bzw. das Hinzufügen neuer Regeln ist hier sehr einfach mit der Maus (rechte Taste) möglich.

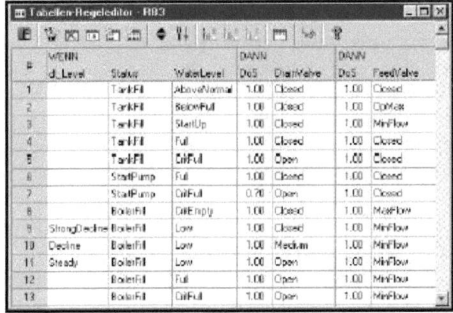

2. Matrix- Regeleditor

Im Gegensatz zum Tabellen- Regeleditor erfolgt die Darstellung der Regelmenge in Matrizenform. Die Funktionalität des Matrix- Regeleditors ist komplexer als die des Tabellen- Editors. Dies ist bei der Suche nach Regellücken und Regelinkonsistenten bei großen Regelmengen von Vorteil und kann die Gesamtregelmenge erheblich reduzieren. Abhängig von der Anzahl der Ausgänge eines Regelblocks findet man neben den Matrizen (Anzahl entspricht der Anzahl der Ausgänge) ein WENN- und DANN- Feld, wobei die Eingangsvariablen im WENN- und die Ausgangsvariablen im DANN- Feld abgebildet werden.

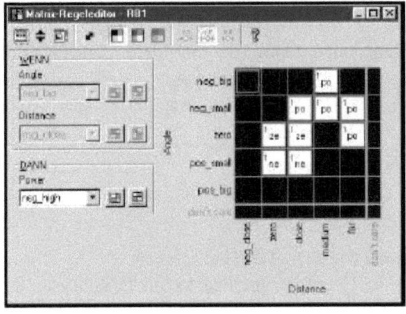

2.1.3 Optimieren und Debuggen

Eine Optimierung des Systems ist meist erforderlich um die gewünschte Systemleistung zu erreichen. Hierfür bietet *fuzzy*TECH verschiedene Debugmodi an um diese Optimierung durchzuführen. Beim Wechsel vom Designmodus in einen beliebigen Debugmodus wird das entwickelte Fuzzy- System von *fuzzy*TECH simuliert. Die Darstellung der Editoren ist dabei dynamisch, d.h. Fuzzifizierung, Werte von Variablen, Defuzzifizierung sowie Regelinferenz sind graphisch dargestellt. Des weiteren können die meisten Systemobjekte auch während des Debuggings modifiziert werden.

2.1.3.1 Offline Debugging

Um ein System für den PC zu optimieren wird der Offline- Debugmodus verwendet. Eingangswerte werden interaktiv, also durch Eingabe, Einlesen aus einer Datei oder Übertragung der Werte über eine Schnittstelle, bereitgestellt, um das Fuzzy- System zu berechnen. Das Offline Debugging schließt die folgenden Debugmodi ein:

- *Interaktiv*: Überprüfung des Systemverhaltens anhand eingegebener Werte
- *Serial Link*: Bereitstellung der Eingangswerte durch serielle Verbindung zweier Computer. Entsprechende Parameter müssen vorher über *fuzzy*TECH eingestellt werden.
- *Datei- Recorder*: Die Eingangswerte werden aus einer Datei gelesen und Ergebnisse der Berechnungen graphisch dargestellt. Des weiteren besteht die Möglichkeit der interaktiven Systemanalyse anhand zuvor am realen System aufgezeichneter Daten.
- *Batch*: Hier werden Eingangswerte aus einer Datei gelesen und Ausgangswerte wieder in eine Datei geschrieben. Keine graphische Darstellung.
- *RCU*: Dieser Modus erlaubt eine dynamische Verbindung von *fuzzy*TECH mit Anwendungssoftware oder zu regelnden Prozesssimulationen auf Softwarebasis. Eine Integrierung von *fuzzy*TECH unter Microsoft Windows laufender Standardsoftware (z.B. Excel) ist möglich.

2.1.3.2 Online Debugging

Das Online- Debugging kommt bei Optimierung eines in Echtzeit laufenden Prozesses zum Einsatz. So kann *fuzzy*TECH zu einem aktiven Fuzzy- Laufzeitsystem eine Online- Verbindung aufbauen. Durch die Ausstattung mit RTRCD (Real Time Remote Control Debug) ist es möglich, generierten Code, der auf dem Laufzeitsystem implementiert ist, zur Laufzeit zu modifizieren. Der Entwicklungs- PC ist über einen Online- Kommunikationskanal, wie z.B. IPX, TCP/IP,..., mit der Zielhardware, wie z.B. Prozessregler etc., verbunden.

2.1.3.3 Analysatoren

Folgende Analysatoren werden von *fuzzy*TECH angeboten:
- *2D- Kennfeld*: Analyse der Übertragungscharakteristik (Eingangs- –> Ausgangswerte)

- 3D- Kennfeld: wie 2D- Kennfeld in rotationsfähiger 3D- Darstellung
- Oszilloskop: Analyse über einen begrenzten Zeitraum
- Regel- Analysator: Auflistung der Regeln, die beim letzten Berechnungsschritt den Wert der zu analysierenden Variable beeinflusst haben
- Statistik: Analyse der benutzten Regeln während Systemlaufzeit
- Trace: Übertragungscharakteristik wird abgespeichert und kann mit Datei- Recorder- Debugmodus weiter verarbeitet werden.

2.1.3.4 Online- Optimierung

Online oder RTRCD Debugmodi erlauben es, die Ein- und Ausgangswerte des Systems auf den Fuzzy- Laufzeitsystem zu visualisieren und das System während der Laufzeit zu modifizieren. Ein Fuzzy- Laufzeit setzt sich aus folgenden Komponenten zusammen:

- Client: Selbstentwickeltes Programm oder Standardprogramm (z.B. Excel) zur Eingabe der Eingangswerte und Weiterverarbeitung der Ausgangswerte.
- Laufzeitbibliothek: enthalten Fuzzy- Algorithmen
- Fuzzy- System: enthält spezifische Daten des Fuzzy- Systems (Regeln, Zugehörigkeitsfunktionen etc.)

2.2 Dokumentations- und Revisionskontrollsystem

fuzzyTECH bietet dem Benutzer die Möglichkeit das gesamte Projekt zu dokumentieren. Der aktuelle Projektstand wird durch den Projektdialog angezeigt. Jeder Entwicklungsschritt kann durch das Revisionskontrollsystem festgehalten und kommentiert werden. Eine automatische Dokumentation wird mittels des Dokumentationsgenerators erzeugt, welche später ausgedruckt oder auch mit anderen Textverarbeitungsprogrammen weiterverarbeitet werden kann.

3. Bedienung

Nachfolgend soll das Programm bezüglich der wichtigsten Menüoptionen und deren Funktion vorgestellt werden. Es wird ebenfalls auf die Möglichkeiten während der Installation eingegangen. Für Abweichungen in der Menübezeichnung sei hier erwähnt, dass die Edition für Geschäfts- und Finanzanwendungen installiert wurde (siehe auch Kapitel 3.1).

3.1 Installation

Die Installation wird durch Aufruf der Datei SETUP.EXE aus dem Quellverzeichnis gestartet. Danach verläuft die Installation menügesteuert. Zu Beginn der Installation kann der Benutzer die Sprache des Setup- Menüs wählen. Zur Auswahl stehen hierbei die Sprachen Englisch und Deutsch. Im nächsten Installationsfenster werden die Benutzerinformationen abgefragt, wie Name und Firma. Im Textfeld SCHLÜSSEL kann der Benutzer durch Eingabe des Schlüssels entscheiden, welche Edition von *fuzzy*TECH installiert werden soll. Bei der Demoversion stehen dabei folgende Schlüssel zur Auswahl:

       000000   für Technische Anwendungen
       123456   für Geschäfts- und Finanzanwendungen

Das Standardverzeichnis der Installation ist C:\Programme\fuzzyTECH 5.5, kann aber vom Benutzer geändert werden. Während der Installation wird dem Benutzer durch Prozessbalken sowohl der Fortschritt der Installation als auch die Festplattenressourcen angezeigt.

Nach der Installation erfolgt der Eintrag ins Start- Menü von Windows mit folgenden Untermenüs:

      Beispiele (zahlreiche Beispiele zu verschiedenen Anwendungen)
      Hilfe (Hilfe zu *fuzzy*TECH selbst und diversen Zusatzanwendungen)
      Benutzerhandbuch
      *fuzzy*TECH 5.51a Professional Edition

3.2 Datei- Menü

Das Menü entspricht im Allgemeinen dem Windows- Standard mit folgenden Operationen:

Neu	(Erzeugen eines leeren Systems bzw. neuen Projektes)
Fuzzy Assistent	(Starten des Assistenten)
Öffnen	(Öffnen von bestehenden Dateien)
Schliessen	(Schließt das aktuelle System in *fuzzy*TECH)
Speichern	(Speichert aktuelles Projekt im FTL- Format)
Speichern unter	(Speichert unter anderem Namen)
Projektinformationen	(Allgem. Informationen über das aktuelle Projekt)
Revisionskontrolle	(Aufruf des Revisionskontrollsystems)
Dokumentation	(Ausführliche Dokumentation des Projekts)
Datengenerator	(Dialog für den Datengenerator wird geöffnet)
FTL-Datei anzeigen	(FTL-Datei des akt. Systems wird in einen Editor geladen)
Datei anzeigen	(Der Dateidialog, über den eine FTL-, Daten-, Quellcode- oder jede andere Textdatei in einen Editor geladen werden kann, wird geöffnet)
Fenster drucken	(Beliebiges Fenster zum Drucken auswählen)
Fenster kopieren	(Beliebiges Fenster in die Zwischenablage kopieren)
Beenden	(*fuzzy*TECH beenden)

3.3 Bearbeiten- Menü

Folgende Operationen können aufgerufen werden:

Rückgängig machen	(Letzte Aktion im Designmodus rückgängig machen)
Neue Variable	(Neue Variable mit Variablen- Assistent erzeugen)

✍ Dupliziere Variable	(Ausgewählte Variable duplizieren)
✍ Neuer Regelblock	(Neuer Regelblock mit Regelblock- Assistent erzeugen)
✍ Dupliziere Regelblock	(Ausgewählter Regelblock duplizieren)
✍ Neuer Text	(Erzeugen eines Textes im Projekteditor)
✍ Dupliziere Text	(Ausgewählter Text wird dupliziert)
✍ DDE- Verknüpfung	(*fuzzy*TECH als DDE Client konfigurieren)

3.4 Ansicht- Menü

Folgende Funktionen können aufgerufen werden:

✍ Symbolleiste	(Konfiguration der Symbolleiste)
✍ Statusleiste	(Ein-/ Ausblenden der Statusleiste)
✍ Zoom Projekteditor	(3 Stufen um Maßstab des Inhalts festzulegen)
✍ Gitternetzlinien	(Ein-/ Ausblenden im Oszilloskop bzw. Variableneditor)
✍ Termliste	(Ein-/ Ausschalten der Termliste im Variableneditor)
✍ Hintergrundfarbe	(Hintergrundfarbe in Oszilloskop bzw. 3D- Kennfeld)
✍ Linien	(Breite der Linien im Oszilloskop bzw. Variableneditor)
✍ Objektkommentare	(Anzeigen existierender Kommentare im Objekt)
✍ Strukturbaum	(Ein-/ Ausblenden des Fensters des Strukturbaums)

3.5 Debug- Menü

Über dieses Menü können die verschiedenen Debug- Modi von *fuzzy*TECH aufgerufen werden.

✍ Interaktiv	(siehe 2.1.3.1)
✍ Serial Link	(siehe 2.1.3.1)
✍ Datei- Recorder	(siehe 2.1.3.1)
✍ Batch	(siehe 2.1.3.1)
✍ Online- Monitor	(Analyse des Fuzzy- Laufzeitsystems)
✍ Online- Monitor & Modifizieren	(wie Online- Monitor, Modifizierungen möglich)

3.6 Analysator

Hier können verschiedene Werkzeuge zur statischen und dynamischen Systemanalyse aufgerufen werden. Es können bis zu 10 verschieden Analysatoren geöffnet werden, die alle unterschiedliche Debug- Modi haben können.

✍ 2D- Kennfeld	(Analyse der Übertragungscharakteristik)
✍ 3D- Kennfeld	(Analyse der Übertragungscharakteristik in 3D)
✍ Oszilloskop	(zeitliches Systemverhalten)
✍ Regel- Analysator	(Öffnet Regelanalysator für erste Ausgangsvariable)
✍ Statistik	(Statistikspalte in Tabellen- Regeleditor)
✍ Trace	(Aufzeichnen und Speichern der Ein- u. Ausgangsdaten)

3.7 Extras

Dieses Menü enthält spezielle Funktionen zur Codeerzeugung. Das NeuroFuzzy Modul sowie das FuzzyCluster Modul stehen neben Hilfsmitteln zur Optimierung von *fuzzy*TECH, für jeweilige Anwendungen, zur Verfügung. Es stehen folgende Optionen zur Auswahl:

✐ Kompilieren nach	(Auswahl des Codegenerators)
✐ Neuro	(Nutzen der NeuroFuzzy- Technologie über Zusatzmodul)
✐ Cluster	(Anwendung lernender Verfahren)
✐ Projektoptionen	(*fuzzy*TECH an eigene Applikation anpassen)
✐ fuzzyTECH Einstell.	(Konfiguration von *fuzzy*TECH)
✐ Edition	(Umschalten zwischen Editionen von *fuzzy*TECH)
✐ Sprache	(Umschalten der Sprache)

3.7.1 Kompilieren nach

Abhängig von der *fuzzy*TECH Edition stehen hier verschiedene Codegeneratoren zur Auswahl. Aufgeführt sind hier die Optionen der Edition für Finanz- und Geschäftsanwendungen (siehe auch Kapitel 3).

✐ C	(Erzeugung eines portablen C- Quellcodes)
✐ Java	(Erzeugung eines portablen Java – Quellcodes)
✐ M	(Erzeugung eines M- Codes für das aktuelle System)
✐ FTR	(Erzeugung einer binären Parameter- Datei)

Weiter stehen zur Verfügung: FTR + Wrapper Klasse für...

✐ Visual C++/ MFC	(wie FTR, Generierung eines C++ Moduls für MS Visual C++)
✐ Visual Basic	(wie FTR, Generierung eines Klassenmoduls für V Basic)
✐ VBA	(wie FTR, Generierung eines Klassenmoduls für VBA)

3.7.2 Neuro

Das Neuromodul enthält folgende Einträge:

✐ Konfiguration	(Öffnet den NeuroFuzzy- Konfigurationsdialog)
✐ Lernen	(Öffnet den NeuroFuzzy- Lernkontrolle- Dialog)

3.7.3 Cluster

Das Clustermodul enthält folgende Einträge:

| 🖎 IsodataCluster | (Konfiguration der Parameter des Algorithmus in Abhängigkeit des gewählten Datensatzes) |
| 🖎 FuzzyCluster | (Konfiguration der Parameter des Algorithmus in Abhängigkeit des gewählten Datensatzes) |

3.8 Fenster- Menü

Auch dieses Menü entspricht dem Windows- Standard. Folgende Einträge sind hier zu finden:

🖎 Öffne alle Variableneditoren	(Auswahl der zu öffnenden Variableneditoren)
🖎 Öffne alle Tabellen-Regeleditoren	(Öffnet Tabellen- Regeleditor für jeden Regelblock)
🖎 Schließe alle Variableneditoren	(Schließen aller Variableneditoren)
🖎 Schließe alle Tabellen-Regeleditoren	(Schließen aller Tab.-Regeleditoren)
🖎 Anordnen	(Anordnen der Fenster)
🖎 Nebeneinander	(Alle Fenster nebeneinander darstellen)
🖎 Überlappen	(Alle Fenster überlappend darstellen)
🖎 Symbole anordnen	(Ikons der Fenster werden angeordnet)

3.9 Hilfe- Menü

Das Hilfemenü beinhaltet die MS Windows Standardfunktionalität. Es enthält die folgenden Einträge:

🖎 Kurzübersicht	(Kurzübersicht der Systementwicklung)
🖎 *fuzzy*TECH Hilfe	(*fuzzy*TECH Hilfesystem)
🖎 Hilfe zum Thema	(Hilfe zum aktuellen Thema)
🖎 Fuzzy-Grundlagen	(Methoden der Fuzzy Logic)
🖎 NeuroFuzzy-Grundlagen	(Methode der Neuro- Fuzzy- Theorie)
🖎 FuzzyCluster-Grundlagen	(Methoden des IsodataCluster- u. FuzzyCluster-Algorithmus)
🖎 Funktionstasten und Shortcuts	
🖎 *fuzzy*TECH im WWW	(Links ins Internet zu *fuzzy*TECH)
🖎 Home Page	(*fuzzy*TECH Homepage)
🖎 Info	(Adressen der INFORM GmbH)

3.10 Projekteditor

Nach dem Starten von *fuzzy*TECH wird automatisch das Fenster des Projekteditors geöffnet. Hier wird die Systemstruktur graphisch dargestellt und kann auch bearbeitet werden. Das Fenster des Projekteditors kann zwar minimiert aber nicht geschlossen werden. Dargestellt werden im Projekteditor die Objekte Text, Variablen und Regelblöcke (siehe auch Kapitel 2.1.2.1).

3.11 Strukturbaum

Die Bedienung des Strukturbaums ist ähnlich der Bedienung des MS
Windows Explorers. Hier erhält der Benutzer eine Übersicht über
alle Objekte des Systems und deren Hierarchie. Durch Doppelklick
der Bezeichnungen kann der Strukturbaum detailliert bzw. auch
reduziert dargestellt werden. Dies ermöglicht eine sehr gute
Übersicht über das gesamte System.

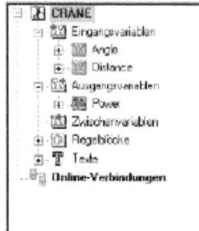

4. Einschränkungen der Demo- Version

Eine Einschränkung der Demoversion von *fuzzy*TECH besteht darin, dass keinerlei
Speichervorgänge vorgenommen werden können. Dies bezieht sich sowohl auf das Speichern
von Projekten bzw. Systemen, als auch das Anlegen der Revisionskontrolle. Des weiteren ist
die Codegenerierung nicht möglich.
Beim Starten von *fuzzy*TECH wird der Benutzer durch einen kurzen Dialog auf diese
Einschränkungen hingewiesen.

5. Beispielanwendung

Nachfolgend soll durch ein einfaches Beispiel die Anwendung und Bedienung von
*fuzzy*TECH praktisch dargestellt werden. Es handelt sich hierbei um ein sehr einfaches
Beispiel, welches bei Weitem nicht die Möglichkeiten von *fuzzy*TECH ausschöpft.

5.1 Systembeschreibung

Es soll die Steuerung einer Klimaanlage als ein System mit *fuzzy*TECH dargestellt werden.
Dazu werden zwei Eingangsvariablen festgelegt, die stellvertretend die Innen- und
Außentemperatur beschreiben. Die Ausgangsvariable definiert das Verhalten der
Klimaanlage, d.h. soll geheizt bzw. gekühlt werden.

5.2 System erstellen

Zum Systemaufbau soll der Assistent genutzt werden. Durch Anklicken des Symbols in der
Symbolleiste bzw. Auswahl im DATEI – Menü wird der Assistent gestartet.

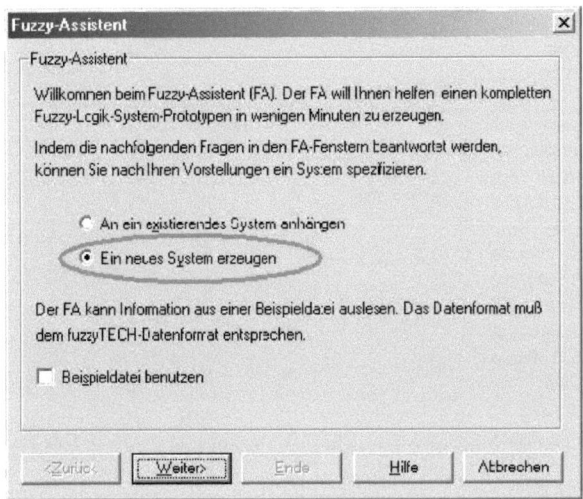

Da ein neues System erzeugt werden soll, wird das entsprechende Optionsfeld „Ein neues System erzeugen" ausgewählt, danach wird mit WEITER bestätigt.

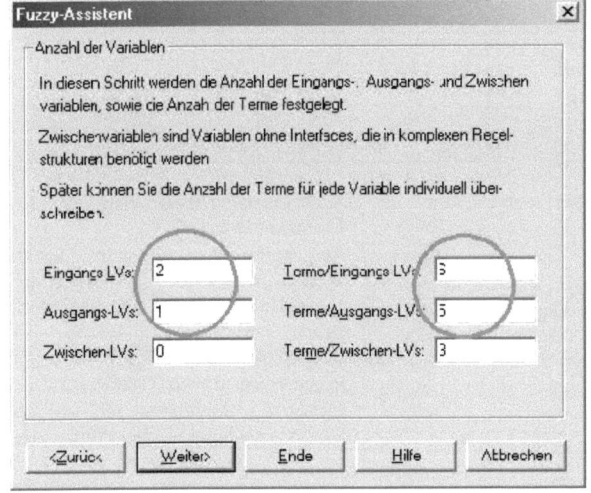

Im nächsten Dialogfeld wird das System mit seinen Objekten definiert. Hier kann die Anzahl der Eingänge bzw. Ausgänge und deren Anzahl von Termen definiert werden. In unserem Beispiel haben wir zwei Eingänge (Innen- und Außentemperatur) und einen Ausgang (Klimaanlage). Die Anzahl der Terme bestimmt später die Größe der Regel- Tabelle bzw. Regel- Matrix. Je nachdem wie „fein" die Abstufung später sein soll bzw. wie viele Kombinationen definiert werden sollen, ist hier eine entsprechende Anzahl von Termen einzutragen. Zwischenvariablen werden in diesem Beispiel nicht definiert.

Die Eingabe wird wieder mit WEITER bestätigt.

Die anschließenden Dialoge definieren die Ein- bzw. Ausgangs- variablen genauer. Neben dem Namen wird ein Intervall angegeben in welchem Bereich sich die Werte bewegen. Die Anzahl der Terme kann hier ebenfalls noch einmal korrigiert und die Termnamen über ein Scroll- Menü ausgewählt werden. Diese Einstellungen sind für jede Variable separat zu machen. Für dieses Beispiel wurden folgende Einstellungen bzw. Definitionen für die Variablen vorgenommen:

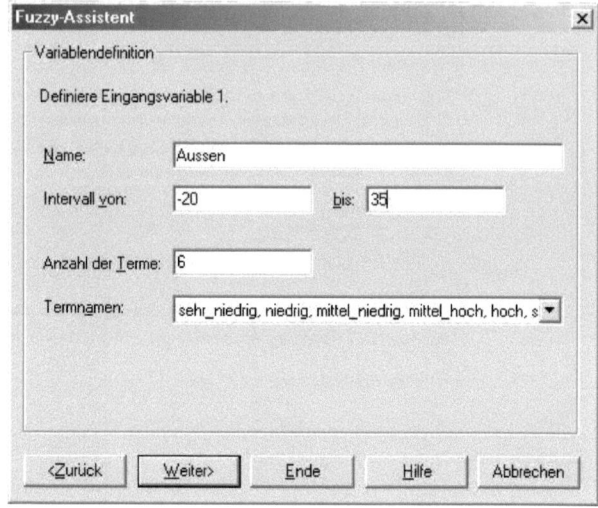

Variable	Name	Intervall		Anzahl Terme
		von	bis	
Eingangsvariable 1	Aussen	-20	30	6
Eingangsvariable 2	Innen	0	30	6
Ausgangsvariable	Klimaanlage	10	25	5

Nachdem alle Variablen definiert wurden, wird die Defuzzifizierungsmethode eingestellt. Als Charakterisierung der Ausgangsvariable wird in diesem Beispiel „Bester Kompromiß" ausgewählt. Im anschließenden Dialog wird die Anzahl der Regelblöcke angegeben (hier: 1 Regelblock). Durch Aktivieren der Checkbox „Regeln erzeugen" und der Option „Zufälliger DoS- Wert", d.h. der Plausibilitätsgrad wird automatisch erzeugt, werden die Einstellungen beendet.

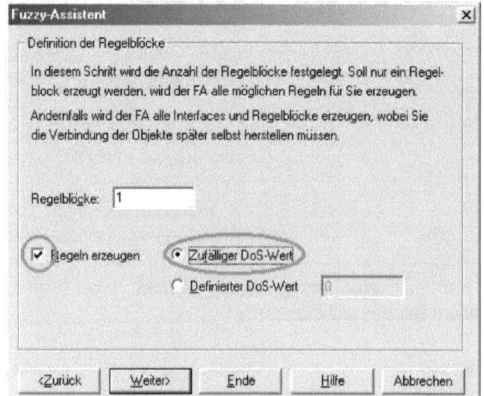

Nach Bestätigen mit dem Button WEITER, erfolgt die Abfrage, ob das System erstellt werden soll. Nach positiver Bestätigung erscheint das System im Projekteditor.

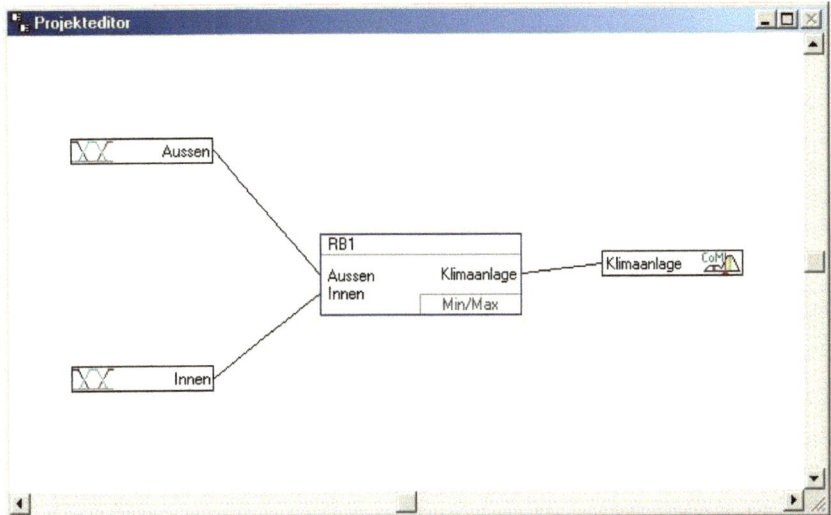

5.3 System bearbeiten

Die Objekte können innerhalb des Projekteditors beliebig verschoben werden. Um die Objekte selbst zu bearbeiten genügt ein Doppelklick darauf. Daraufhin erschein der folgende Dialog:

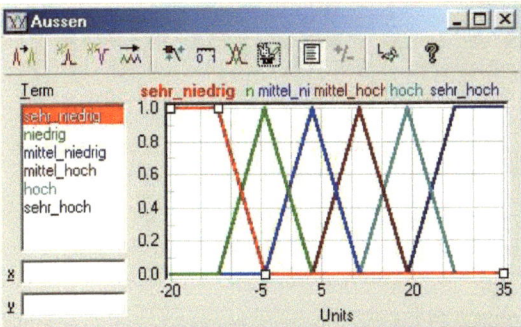

Die einzelnen Terme können im linken Feld ausgewählt und anschließend in der Grafik durch Ziehen der Knotenpunkte skaliert werden. In der Symbolleiste befinden sich zusätzliche Befehle um die Variable zu bearbeiten. Der Variablen- Assistent ist ebenfalls von hier aufrufbar.

Durch Doppelklick auf den Regelblock wird der Tabellen- Regeleditor geöffnet:

#	WENN Aussen	Innen	DANN DoS	Klimaanlage
1	sehr_niedrig	sehr_niedrig	0.58	sehr_niedrig
2	sehr_niedrig	sehr_niedrig	0.59	niedrig
3	sehr_niedrig	sehr_niedrig	0.93	mittel
4	sehr_niedrig	sehr_niedrig	0.11	hoch
5	sehr_niedrig	sehr_niedrig	0.38	sehr_hoch
6	sehr_niedrig	niedrig	0.30	sehr_niedrig
7	sehr_niedrig	niedrig	0.36	niedrig
8	sehr_niedrig	niedrig	0.97	mittel
9	sehr_niedrig	niedrig	0.50	hoch
10	sehr_niedrig	niedrig	0.34	sehr_hoch
11	sehr_niedrig	mittel_niedrig	0.48	sehr_niedrig
12	sehr_niedrig	mittel_niedrig	0.67	niedrig
13	sehr_niedrig	mittel_niedrig	0.98	mittel
14	sehr_niedrig	mittel_niedrig	0.72	hoch
15	sehr_niedrig	mittel_niedrig	0.27	sehr_hoch
16	sehr_niedrig	mittel_hoch	0.52	sehr_niedrig
17	sehr_niedrig	mittel_hoch	0.81	niedrig
18	sehr_niedrig	mittel_hoch	0.30	mittel

Hier werden sämtliche Kombinationen der einzelnen Terme aufgelistet. Wie Eingangs zu diesem Kapitel erwähnt, richtet sich die Tabellengröße nach der Anzahl der Terme. Im Allgemeinen teilt sich der Tabelleneditor in zwei Hauptspalten. Zum einen die WENN- Spalte mit den Eingangsvariablen und die DANN- Spalte mit der Ausgangsvariablen und dem Plausibilitätsgrad (DoS). Durch Auswahl des Befehls „Erzeuge partiellen Regelblock" aus der Symbolleiste werden alle Regeln gelöscht, d.h. für die linguistischen Variablen werden alle möglichen Termkombinationen erstellt. Die Schlussfolgerungen im DANN- Teil werden ebenfalls gelöscht und können vom Benutzer selbst definiert werden. Der DoS wird vorerst automatisch auf ‚1.00' gesetzt, kann aber auch manuell editiert werden. Zeilen werden durch einen Rechtsklick auf die Zeilennummer (linke Seite) über das Kontextmenü gelöscht, falls diese Regel nicht von Nutzen sein sollte bzw. nicht benötigt werden.
Der Benutzer bestimmt durch seine Angaben, wie sich die Ausgangsvariable (Klimaanlage) verhalten soll, wenn die Eingangsvariablen bestimmte Eigenschaften haben.
Da in diesem Beispiel die Terme bzw. deren Bezeichnungen gleichbedeutend sind für die Temperatur, werden folgende Vereinbarungen getroffen:

Für die Eingangsvariablen sind die Termbezeichnungen „sehr_niedrig" gleichbedeutend mit „sehr kalt" und „sehr_hoch" gleichbedeutend mit „sehr warm".
Gleiches gilt bei den Einstellungen für die Ausgangsvariable, d.h. „sehr_niedrig" bedeutet „kühlen" und „sehr_hoch" bedeutet „heizen".

Die Einstellungen im DANN- Feld erfolgen durch Rechtsklick auf das leere Feld und anschließende Auswahl des Wertes über das Kontextmenü. Wie bereits erwähnt, wurde der DoS- Wert automatisch auf ‚1.00' gesetzt. Durch Klick auf das Symbol „Setze DoS" wird folgendes Dialogfeld geöffnet:

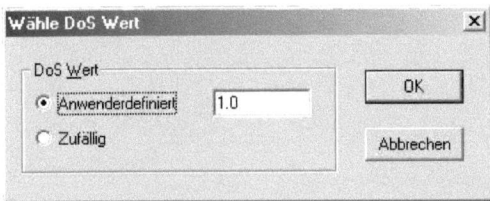

Durch Auswahl der Option „Zufällig" werden die Werte bzw. Regelgewichte wieder zufällig besetzt.

Vom Tabellen- Regeleditor kann durch Anklicken des entsprechenden Symbols auch in die Matrix- Ansicht gewechselt werden. Ein Assistent ist ebenfalls über die Symbolleiste aufrufbar.

5.4 System debuggen und analysieren

5.4.1 Debuggen

Nachdem alle Regeln definiert wurden, kann das System analysiert werden. Dazu ist es erforderlich in den Debug- Modus zu wechseln um die Analyse starten zu können. Dazu wählt man im Hauptmenü unter DEBUG den Menüpunkt INTERAKTIV aus.

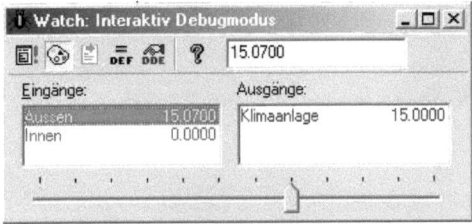

In Listenfeld EINGÄNGE sind die Eingangsvariablen aufgelistet. Diese können mit der Maus ausgewählt und durch Schieben des Reglers innerhalb des vordefinierten Intervalls (Kapitel 5.2) verändert werden. Entsprechend der Regeln die aufgestellt wurden, verändert sich der Wert des Ausgangs. Sollten hier Fehler auftreten, können die Regeln entsprechend angepasst werden (Kapitel 5.3).

5.4.2 Analysieren

Über das Hauptmenü ANALYSATOR erhält er Benutzer die Möglichkeit zwischen verschiedenen Ansichten zu wählen.

5.4.2.1 Das 2D- Kennfeld

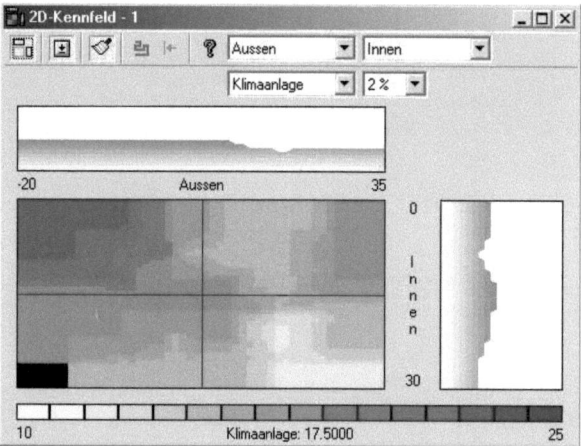

Das 2D-Kennfeld zeigt eine ebene Ansicht des Reglerkennfeldes. In den Variablenfeldern, die rechts neben der Symbolleiste angeordnet sind, können die dargestellten Eingangs- und Ausgangsvariablen geändert werden.

5.4.2.2 Das 3D- Kennfeld

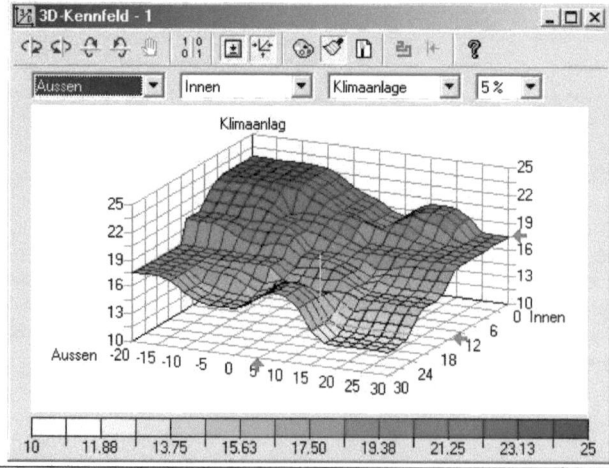

Das 3D-Kennfeld zeigt eine räumliche Darstellung des Reglerkennfeldes. Die beiden gewählten Eingangsvariablen werden auf den horizontalen Achsen, die Ausgangsvariable auf der vertikalen Achse dargestellt. Das Modell kann durch Anklicken der entsprechenden Symbole in der Symbolleiste gedreht werden.

5.4.2.3 Oszilloskop

Das Oszilloskop soll an dieser Stelle nicht weiter erläutert werden, da es für dieses Beispiel nicht sinnvoll ist (siehe auch Kapitel 3.6).

5.4.2.4 Regelanalysator

Der Regel-Analysator zeigt auf, welche Regeln bei dem letzten Berechnungsschritt den Wert der ausgewählten Variable beeinflusst haben. In der Liste werden als erstes Ordnungskriterium alle Terme der Variablen zusammen mit ihrem Feuerungsgrad aufgeführt.

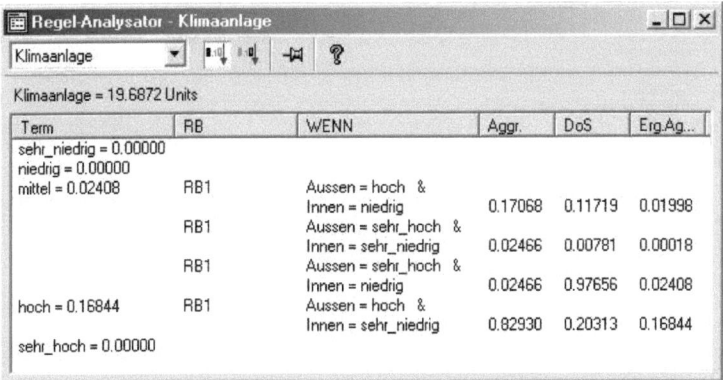

6. Bewertung und Beurteilung der Software

Dieses Kapitel beinhaltet eine Bewertung der einzelnen Teilbereiche von *fuzzy*TECH und deren Leistungsfähigkeit. An dieser Stelle sei erwähnt, dass die Software unter Windows 98/ME getestet wurde.

6.1 Installation

Die benutzergeführte Installation ermöglicht dem Benutzer die Sprachauswahl des Setupmenüs. Der vorgegebene Installationspfad kann durch den Benutzer geändert bzw. neu eingegeben werden. Während der Installation informieren Prozessbalken sowohl über den Fortschritt der Installation, als auch über die aktuellen Ressourcen des Ziellaufwerks. Die

Edition der Software wird bestimmt durch die Eingabe des Schlüssels im Benutzerinfo-Dialog. Negativ sei an dieser Stelle erwähnt, dass der Hinweis zu den beiden Schlüsseln nur auf der Homepage von *fuzzy*TECH zu finden ist. Eine Installationsbeschreibung liegt der Software nicht bei.

Bewertung: **gut (2.0)**

6.2 Benutzeroberfläche

Die Oberfläche entspricht dem Windows- Standard. Weiterhin enthält die Software sowohl Menüleiste, Symbolleiste, als auch Statusleiste. Der eigentliche Arbeitsbereich (Projekteditor) sowie das Debugging sind fensterorientiert und erlauben dem Benutzer ein einfaches und angenehmes Arbeiten. Das Menü ist ebenfalls sehr stark an den Windows- Standard angelehnt und logisch strukturiert.

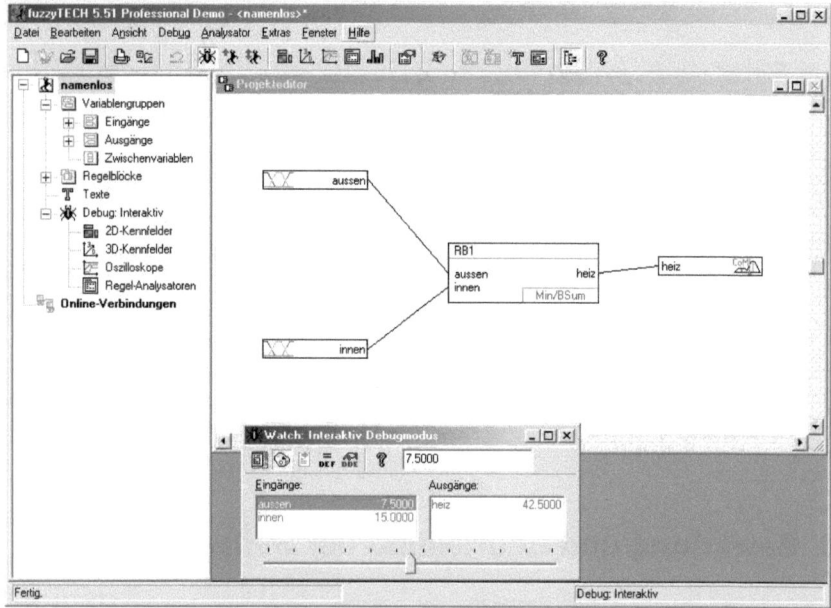

Als ein besonders praktisches Feature von *fuzzy*TECH sei hier der Strukturbaum erwähnt. Dieser bietet dem Benutzer einen sehr guten Überblick über das System und kann je nach Bedarf detailliert bzw. reduziert werden.

Bewertung: **sehr gut (1.0)**

6.3 Zuverlässigkeit der Software

Während der Benutzung der Software unter Windows 98/ME ist bei Aufruf des 3D-Kennfeldes mehrmals ein undefinierter Fehler aufgetreten der das Programm dann zwangsläufig beendete. Die Ursache dafür konnte nicht genau festgestellt werden. Nach Meldung von Seiten der Software, konnte ein Bitmap nicht geladen werden.

Bewertung: **befriedigend (3.0)**

6.4 Schnittstellen

*fuzzy*TECH bietet mehrere Schnittstellen zur Verbindung mit anderen Applikationen, wie z.B. Prozesssimulationen, an. Folgende Schnittstellen werden von *fuzzy*TECH angeboten:

✍ *RCU*:	Remote Control Unit ermöglicht einer Anwendung *fuzzy*TECH als Daten-Server zu nutzen
✍ *DDE*:	Verbindung von *fuzzy*TECH mit MS Windows- Anwendungen
✍ *Serial Link*:	Datenaustausch über die serielle Schnittstelle
✍ *FTRUN*:	Einbindung von Programmen (Borland Delphi, MS Visual Basic und VBA, C, C++, Wrapper- Klassen), sowie Integration in Standardsoftware (Bridge VIEW, DIAdem, InTouch, MATLAB/ SIMULINK, LabVIEW, THE FIX, VisSim, WinCC, WinFACT)

Laut Dokumentation unterstützt die *fuzzy*TECH Benutzeroberfläche offene Schnittstellen, die dem Anwender die Implementierung neuer Komponenten ermöglichen. Diese neuen Komponenten werden als benutzerdefinierte Erweiterungen in *fuzzy*TECH integriert. Die Schnittstellen basieren auf MS Windows DLLs. Für die DLL- Generierung ist ein 32Bit-Compiler für MS Windows notwendig.

Eine genaue Bewertung der Schnittstellen soll an dieser Stelle nicht erfolgen, da manche Schnittstellen in der Demo- Version nicht zur Verfügung stehen bzw. aus technischen Gründen eine Realisierung nicht möglich war. Bewertet wird also nur der Leistungsumfang von *fuzzy*TECH bezüglich angebotener Schnittstellen und nicht deren Funktionalität.

Bewertung: **sehr gut (1.0)**

6.5 Interaktivität

Die Software lässt sich schnell und einfach auf die Bedürfnisse des Benutzers anpassen. So kann beispielsweise die Symbolleiste entsprechend angepasst werden. Der Arbeitsbereich bleibt übersichtlich durch die Möglichkeit der Minimierung einzelnen Fenster. Des weiteren kann der Benutzer zwischen verschiedenen Anordnungen der Fenster wählen.

Während der Erstellung von Systemen stehen dem Benutzer zahlreiche Assistenten zur Verfügung, die es ermöglichen auch ohne Vorkenntnis ein System zu erstellen. Zudem kann immer eine Hilfe zum aktuellen Thema aufgerufen werden.

Bewertung: sehr gut (1.0)

6.6 Resultate

Wie in Kapitel 5 beschrieben, sind durch die gute Unterstützung durch Assistenten seitens *fuzzy*TECH schnelle Resultate möglich. Es bestehen verschiedene Möglichkeiten die Ergebnisse graphisch darstellen zu lassen.
Bei Verfügbarkeit der Schnittstellen zu externen Anwendungen ist eine Verbesserung der Ergebnisse bzw. die Aufwertung deren Darstellung möglich.

Bewertung: gut (2.0)

6.7 Dokumentation

Nach der Installation steht dem Benutzer ein sehr ausführliches und klar strukturiertes Benutzerhandbuch im PDF- Format zur Verfügung. Über 276 Seiten wird der Benutzer mit den grundlegenden Schritten zur Entwicklung eines Fuzzy- Systems vertraut gemacht. Neben der Entwicklung von Fuzzy- Logic- Systemen und NeuroFuzzy werden auch die Fuzzy Grundlagen vermittelt. Kapitel 8 enthält einen Glossar- Teil der sämtliche im Text verwendete Abkürzungen enthält und es somit dem Benutzer möglich ist, Begriffe oder Bezeichnungen nachzuschlagen.
Anhand von einfachen Beispielen wird der Benutzer an die Funktionsweise von *fuzzy*TECH herangeführt. Des weiteren enthält das Benutzerhandbuch ausführlich den Leistungsumfang (Schnittstellen etc.) der Software.

Bewertung: sehr gut (1.0)

6.8 Hilfe

Dem Benutzer stehen nach der Installation von *fuzzy*TECH im Unterverzeichnis HILFE gleich mehrere Hilfen zur Auswahl:

> Excel- Assistent
> *fuzzy*TECH Runtime Control
> *fuzzy*TECH Runtime DLL
> *fuzzy*TECH Schnelleinführung
> *fuzzy*TECH
> NeuroFuzzy

Die Hilfen entsprechen der Windows- Hilfe. Durch die Aufteilung in einzelne Teilgebiete kann der Benutzer gezielter Suchen bzw. die Suche stark eingrenzen.

Im Programm selbst wird standardmäßig eine Online- Hilfe angeboten, die den Benutzer über die Funktion des Symbols informiert, sobald es mit dem Mauszeiger angesteuert wird. Der Aufruf der Hilfe im Programm erfolgt entweder über die Menüleiste oder durch Drücken der Taste F1. Zusätzlich kann durch die Tastenkombination STRG + F1 ein Hilfefenster zum aktuellen Thema aufgerufen werden. Die Suchfunktion in den Hilfefenstern ist in vollem Umfang nutzbar.

Bewertung: sehr gut (1.0)

6.9 Beispiele

Im Unterverzeichnis BEISPIELE stehen nach der Installation mehrere Beispiele aus verschiedenen Anwendungsbereichen zur Verfügung. Sie geben dem Benutzer einen Eindruck über die Möglichkeiten von *fuzzy*TECH. Im Zusammenhang mit der Dokumentation werden einige Beispiele näher beschrieben und können somit zum schnellen Umgang mit der Software beitragen.
Es besteht auch die Möglichkeit die vorhandenen Beispiele zu ändern oder auch zu erweitern bzw. als Grundlage für eigene Systeme zu verwenden.

Bewertung: sehr gut (1.0)

6.10 Bewertungsübersicht

Nr.	Bezeichnung	Bewertung
1	Installation	2.0 (gut)
2	Benutzeroberfläche	1.0 (sehr gut)
3	Zuverlässigkeit der Software	3.0 (befriedigend)
4	Schnittstellen	1.0 (sehr gut)
5	Interaktivität	1.0 (sehr gut)
6	Resultate	2.0 (gut)
7	Dokumentation	1.0 (sehr gut)
8	Hilfe	1.0 (sehr gut)
9	Beispiele	1.0 (sehr gut)
	Gesamtergebnis:	**1.4 (sehr gut)**

7. Zusammenfassung

*fuzzy*TECH stellt eine sehr professionelle Software zum Erstellen von leistungsfähigen Fuzzy-Systemen dar. Die Software bietet dem Benutzer zahlreiche Unterstützungen in Form von Assistenten, sowie ein überaus ausführliches, leichtverständliches Benutzerhandbuch. Die verschiedenen Hilfen bieten eine zusätzliche Ergänzung. Zahlreiche mitgelieferte Beispiele geben einem neuen Benutzer einen eindrucksvollen Überblick über die Möglichkeiten von *fuzzy*TECH. Zudem können diese Beispiele als Grundlage für ein eigenes Fuzzy- System verwendet werden, indem sie erweitert werden.

Das Programm an sich ist sehr leicht verständlich und dementsprechend leicht zu bedienen. Des weiteren bietet *fuzzy*TECH zahlreiche Schnittstellen in Verbindung mit verschiedenen Programmiersprachen, Applikationen und Datenservern für einen professionellen Einsatz.

BEI GRIN MACHT SICH IHR
WISSEN BEZAHLT

- Wir veröffentlichen Ihre Hausarbeit,
  Bachelor- und Masterarbeit

- Ihr eigenes eBook und Buch -
  weltweit in allen wichtigen Shops

- Verdienen Sie an jedem Verkauf

Jetzt bei www.GRIN.com hochladen
und kostenlos publizieren